LE

MANUEL

DE

L'ÉLECTEUR INDÉPENDANT

LE MANUEL DE L'ÉLECTEUR INDÉPENDANT

PAR

Édouard Boinvilliers

PARIS
E. LACHAUD, ÉDITEUR
4, Place du Théâtre-Français, 4

1875

LE

MANUEL

DE

L'ÉLECTEUR INDÉPENDANT

I

De l'Électeur indépendant

Demande. — Pourquoi dites-vous que l'électeur indépendant est un imbécile?

Réponse. — Je prends le mot indépendant avec l'acception qu'on lui donne aujourd'hui, voulant parler non du citoyen qui fait librement choix d'une opinion politique, mais du citoyen qui se refuse à en avoir une, ou qui, l'ayant, la cache.

D. — Pourquoi l'électeur sans opinion avouée est-il un imbécile?

R. — Parce qu'on est impardonnable de ne pas savoir pour qui on vote, quand tout le monde va être appelé à voter, et qu'on l'est doublement quand, ayant une opinion, on refuse de combattre pour elle.

D. — La situation n'est pas si commode qu'il vous plaît de le dire, et je connais nombre d'électeurs qui veulent rester *indépendants*, pour ne pas se trouver mêlés à des événements qui peuvent être fort graves; prendre un parti au moment même où les partis vont en venir aux mains, ce n'est pas très-encourageant pour un bon père de famille, qui ne demande que le repos et la sécurité.

R. — Ce bon père de famille calcule mal; on conquiert le repos et la sécurité, ils ne se donnent pas. D'ailleurs l'inaction, dans les circonstances présentes, peut être plus périlleuse que l'action.

D. — Comment cela?

R. — Le rôle de votre prudent électeur ressemblera fort à celui de ces badauds qui encombrent les rues de Paris le jour où les gendarmes et les émeutiers ont à vider quelque querelle : si les badauds empêchent les gendarmes de faire leur devoir, l'émeute devient une révolution, et notre *indépendant* en est tout consterné; si le gendarme fait son devoir, notre *impartial* citoyen court le risque de rentrer au logis avec une balle de gendarme dans le bras, et un coup de sabre d'émeutier à travers la figure.

D. — On peut cependant concevoir chez l'électeur un état perplexe ne dérivant ni de son ignorance ni de sa faiblesse, mais de la difficulté véritable qu'il éprouve à faire un choix entre des opinions politiques dont aucune ne le satisfait complétement.

R. — Alors c'est un épicurien et non un citoyen. Il n'y a pas de parti politique qui ait jamais satisfait complétement un philosophe.

D. — L'électeur indépendant et hésitant a droit tout au moins à votre indulgence.

R. — On n'hésite et on ne se montre *indépendant* que dans le camp des conservateurs; dans le camp ennemi, on n'hésite jamais et on n'y tolère aucun *indépendant*.

D. — Cela prouve dans ce camp plus de discipline que de réflexions.

R. — On ne gagne les batailles qu'avec des troupes disciplinées.

D. — Mais pourquoi se battre? ne pourrait-on pas retarder encore cette lutte toujours si alarmante pour les intérêts du pays?

R. — L'intérêt du pays exige qu'on en finisse, et pour en finir il faut se battre (à coups de votes, s'entend). Le pays ne répare pas ses forces dans le provisoire, il les épuise.

D. — Selon vous, l'électeur se trouve

donc, dès aujourd'hui, dans la nécessité de se former une opinion politique ?

R. — Oui.

D. — Et cependant, depuis bientôt cinq ans, on a vu paraître sur la scène bien des gens instruits et honorables, qui se faisaient une gloire de leur *indépendance*, qui recherchaient, dans leurs écrits, dans leurs discours, jusque dans l'urne électorale, les sympathies de gens *indépendants* comme eux, et *sachant mettre le bien de la France au-dessus de la satisfaction d'un parti*.

R. — Ces gens honorables et instruits se sont trompés, les élections sont là pour le prouver.

D. — J'accorde que le pays cherche à se grouper autour de ceux qui portent un drapeau; il est difficile de nier cependant que la politique prudente dont je parle n'ait eu de nombreux partisans.

R. — Les pauvres d'esprit sont partout en majorité.

D. — Des injures ne sont pas des raisons, et *savoir faire passer le pays avant les partis*, sera toujours une noble devise.

R. — C'est la devise d'un brave homme qui ignore que la nation ne peut être sauvée par la défaite de tous les partis, mais au contraire par la victoire de l'un d'eux; c'est la devise d'un conservateur imprévoyant, qui, faute de s'expliquer, laisse la place à ses pires ennemis, qui, dans son entêtement à faire triompher une *candidature neutre* ou *indépendante*, assure invariablement le triomphe d'un candidat radical; c'est l'éternelle répétition de la comédie *Barodet-Rémusat*.

D. — Pour parler net, vous ne voulez plus qu'on se dise *conservateur*, *indépendant*, *supérieur aux partis;* vous exigez qu'on s'affiche ?

R. — Oui ! — depuis le 25 février il n'est plus permis de se dire *conservateur;* on aurait l'air de vouloir conserver la République ; être *indépendant*, c'est n'avoir pas d'opinion, alors que tout le monde en a une; être *impartial*, c'est refuser un fusil, au moment où les camarades partent en guerre ; enfin, *se dire supérieur à tous les partis*, c'est manquer au moins de modestie, car on se place ainsi au-dessus du pays lui-même, qui va mettre à sa tête un de ces partis rivaux.

D. — Je vois bien que, dans notre camp, il faudra bientôt nous distinguer en Légitimistes, Orléanistes ou Bonapartistes ; cependant le Septennat avait été inventé pour éviter cette dure extrémité.

R. — C'est vrai, mais le choix est devenu inévitable depuis que le Septennat n'est plus.

D. — Sa disparition de la scène politique est un grand dommage pour le pays.

R. — Non ; cette chute était prévue par tous les hommes sensés.

D. — Pourquoi?

R. — Parce que ce gouvernement n'était et ne pouvait être qu'une éclaircie entre deux orages : la République de M. Thiers et la République Wallon : celle de gauche et celle de droite.

D. — Comment expliquez-vous que le Septennat dût forcément amener la République?

R. — Parce que le Septennat n'était qu'une symphonie bourgeoise avec une épée à la clef.

D. — Servez-vous de termes plus intelligibles.

R. — Tout gouvernement exclusivement manié par la bourgeoisie verse à gauche ; il y a longtemps qu'on l'a dit, et avec raison : le Parlement en France n'est jamais que l'antichambre de la République.

D. — Pour parler votre langue imagée, ne peut-on pas dire, avec Lamartine, que le Parlement, au contraire, conspire avec la République comme le paratonnerre avec la foudre?

R. — Cette métaphore a perdu son crédit depuis que la foudre est tombée sur notre maison. La République de 1848 a eu son cours en dépit du paratonnerre, et celle de 1870 continue bravement sa carrière en cassant la boîte à musique bourgeoise et en mouchetant l'épée du maréchal.

D. — Ainsi, selon vous, il ne reste sur le terrain que la République qui veut tout envahir ?

R. — Oui ; c'est pourquoi il faut tout lui refuser.

D. — Et votre moyen, c'est de prier les conservateurs de se décider enfin à avoir une opinion ?

R. — Oui ; et de combattre pour elle.

II

Du choix d'une opinion

D. — Comment l'électeur *indépendant*, c'est-à-dire celui qui n'a pas d'opinion, arrivera-t-il à en avoir une?

R. — En ne prenant les conseils que de gens qui ont une opinion et en ne lisant que les journaux qui portent le drapeau d'un parti.

D. — Il y a aujourd'hui tant d'opinions diverses qu'on peut être dans l'embarras?

R. — Au point de vue conservateur, il n'y en a que deux.

D. — Quelles sont-elles?

R. — La légitimiste et la bonapartiste.

D. — A quel signe reconnait-on un légitimiste?

R. — A son vote pour le Roy.

D. — A quel signe reconnaît-on un Bonapartiste ?

R. — A son vote pour l'appel au peuple.

D. — Pourquoi ne faites-vous pas mention des orléanistes?

R. — Parce que l'orléanisme est devenu un masque et non une opinion.

D. — Parlez plus clairement.

R. — Les orléanistes, pensant avec raison n'être pas populaires dans le pays, ont pris le parti de ne plus paraître dans la lice électorale sous leurs vraies couleurs, et, continuant le 25 février aux élections prochaines, ils se déguiseront en républicains modérés.

D. — Où est la preuve de votre assertion ?

R. — L'attitude de ce parti dans les élections partielles récentes, et le langage de ses journaux ; on pourrait presque affirmer, sans être indiscret, que monseigneur le duc d'Aumale lui-même ne se présentera pas aux élections de l'Oise avec le drapeau des d'Orléans.

D. — Alors un conservateur ne peut donc voter pour un orléaniste ?

R. — Non, puisqu'il n'y aura pas de candidat de cette nuance.

D. — Mais si, par hasard, il s'en présentait un ?

R. — On perdrait sa voix en votant pour lui, et l'on ferait l'affaire des radicaux, car ce serait une diversion en leur faveur.

D. — Entre les deux opinions légitimiste et bonapartiste, laquelle conseillez-vous à l'*électeur indépendant ?*

R. — C'est à lui de faire son choix.

D. — Mais enfin s'il vous demandait votre avis ?

R. — Je lui conseillerais de voter en faveur des impérialistes.

D. — Pourquoi ?

R. — Parce que c'est l'opinion qui me

parait avoir le plus de chances de prévaloir.

D. — La raison de votre choix est assez vulgaire.

R. — Il y a, en effet, beaucoup d'autres et d'excellentes raisons à donner de mon choix, mais je me tiens à celle-là, qui me parait avoir sa valeur.

III

Les Comités conservateurs

D. — Le travail des Comités conservateurs sera, si l'on adopte votre avis, singulièrement facilité : ils se borneront à n'admettre que des candidats légitimistes ou bonapartistes.

R. — Le travail du Comité demandera au contraire, pour être bien fait, beaucoup de lumières et de désintéressement, car il aura à décider, avant de patronner une liste ou un candidat légitimiste, si l'arrondissement ou le département en question appartiennent bien à cette même opinion.

D. — Une fois qu'il aura pris sa décision, vous engagerez tous les bonapartistes de la contrée à voter pour les légitimistes et vice versâ ?

R. — Oui.

D. — Ainsi votre recommandation s'applique aussi bien au cas du scrutin uninominal qu'au cas du scrutin de liste ?

R. — Assurément.

D. — Vous n'entendez donc pas la conciliation, en ce sens que les conservateurs d'un même département voteraient tous pour une liste où se trouveraient réunis des légitimistes et des bonapartistes ?

R. — Il n'y a pas de règles sans exceptions, mais c'est en effet cette règle que je conseillerais de suivre d'une manière générale.

D. — Pourquoi?

R. — Parce qu'une liste aux couleurs variées aurait tous les inconvénients d'un candidat sans couleur; parce qu'ils perdraient l'un et l'autre leur qualité essentielle de drapeau; parce qu'ils ne représenteraient plus que des hommes et non un parti politique.

D. — Quelle nécessité y a-t-il donc à ce qu'ils soient d'un parti politique, à ce qu'ils portent un drapeau?

R. — La nécessité même du succès, car on ne se battra utilement contre les républicains, qui ont un drapeau très voyant et à tout propos déployé, qu'avec un drapeau aussi apparent que le leur.

D. — Précisez davantage?

R. — Puisque les circonstances politiques sont telles que dans un camp on criera: *Vive la République*! il faut que dans l'autre on réponde par: *Vive le Roi* ou par *Vive l'Empereur*!

Il est bien entendu que je parle des élections générales faites au moyen du suffrage universel; les élections sénatoriales échappent à toutes les prévisions, parce que le système électoral qui sera mis en pratique alors, le sera pour la première fois.

D. — Ainsi, pour nous résumer sur ce point, vous voulez que les comités électoraux conservateurs ne patronnent que des légitimistes ou des bonapartistes avérés?

R. — Oui; et tout candidat qui persistera à se servir de qualifications à double ou triple entente, telles que : *conservateur avant tout ;* ou bien, *indépendant et au-dessus de tous les partis ;* ou bien encore, *libre de toutes attaches ;* ou enfin, *voulant le bien de la France avant celui des partis*, devra être impitoyablement chassé de nos rangs.

Nous forcerons le candidat *indépendant* à monter sur la plate-forme, et à dire carrément ce qu'il est ; nous tiendrons notre homme cloué à la muraille jusqu'à ce qu'il ait satisfait à l'honneur, et qu'en citoyen digne de ce nom, il nous ait fait connaître son opinion : nous ne permettrons pas que l'on combatte dans nos rangs avec un masque sur la figure.

D. — Je vois que la principale besogne de votre comité électoral sera la chasse à *l'indépendant*.

R. — C'est vrai. Je ne connais pas de variété politique qui puisse nous être plus funeste, dans les circonstances politiques où nous entrons.

D. — Cependant lorsque l'esprit conservateur était encore abattu par la révolution et par nos désastres, le candidat *indépendant* ne vous a pas été aussi inutile que vous voulez bien le dire.

R. — Je n'ai ni qualité, ni goût pour faire le procès du passé : il est certain, en effet, que les élections partielles dans lesquelles paraissaient le *candidat indépendant*, ne pouvaient avoir pour effet que de jeter à la Chambre quelques radicaux de plus; mais on ne peut s'empêcher de frémir en pensant qu'au jour des élections générales, toute tentative *Rémusat* se résoudra en un résultat *Barodet*. Cette tactique, prétendue prudente et modérée, aurait pour effet de peupler la Chambre nouvelle de députés radicaux.

D. — Vous exagérez !

R. — Supprimez ce que vous croyez être une exagération, bien qu'à mon avis ce soit la vérité pure ; en tous cas, vous retrouveriez une Chambre nouvelle, au moins aussi divisée d'opinions que celle qui va se séparer, et qui se sépare à cause de ses divisions mêmes.

D. — Sur ce point je confesse que vous avez raison. Ce ne serait pas la peine de changer.

R. — Permettez-moi d'ajouter, avec toute la réserve que commande ce sujet, que les puissances étrangères ont besoin de voir clair dans notre situation intérieure, tout autant que nous-mêmes.

La France sera-t-elle remise entre les mains des conservateurs ou bien au contraire la révolution de 1870 va-t-elle continuer son cours ? Il y a là, pour le monde entier, un événement capital, assurément plus important par ses conséquences immédiates et lointaines que ne pourrait l'être une guerre dans un coin de l'Europe.

IV

De l'attitude du gouvernement

D. — Vous pensez donc que le gouvernement laissera poser la question entre les républicains et les non républicains; cela résulte de tout ce que vous venez de me dire.

R. — Je le crois en effet.

D. — Cependant l'attitude de l'administration pendant ces dernières années condamne absolument vos espérances; elle a constamment essayé de faire passer un *candidat indépendant* et elle a parfois réussi à le faire.

R. — Les temps sont changés; en présence d'élections générales, on est forcé d'avoir une politique plus précise que lorsqu'on est seulement en face d'élections partielles.

D. — Étendez-vous sur ce point.

R. — Tant qu'on ne s'est pas adressé

à la nation tout entière, la forme provisoire du gouvernement a pu être assez facilement préservée, par cette double raison qu'on pouvait encore voter pour un homme et non pour un drapeau, et que l'arrivée de cet élu à la Chambre ne pouvait avoir la vertu de changer brusquement la majorité parlementaire en minorité; mais quand on met en mouvement un peuple de 40 millions d'hommes, il ne s'arrête jamais au provisoire, il va droit au définitif.

C'est en vain qu'on prétendra mettre des entraves à la liberté de son vote, c'est en vain qu'on prétendra l'embarrasser ou le dérouter, il ira au but; s'il ne veut pas de la République, il le dira très-carrément, et comme un peuple sensé qu'il est, il dira en même temps par quoi il veut qu'on la remplace.

D. — Ainsi, vous allez jusqu'à croire que l'administration qui vous a été jusqu'alors si visiblement hostile va changer de conduite ?

R. — Ce ne sont pas nos propres attraits qui opéreront ce changement, c'est la rude main de la nécessité.

D. — Comment la nécessité est-elle votre complice sur ce point?

R. — Parce que toute politique recherche légitimement le succès, et qu'en se jetant dans la mêlée électorale, un cabinet conservateur sera forcé d'y déployer le drapeau des conservateurs pour l'opposer à celui des républicains.

D. — Ainsi vous prétendez que l'administration n'appuiera désormais que des candidats bonapartistes ou légitimistes ?

R. — Je l'espère, bien que les ministres qui agiront de la sorte ne croient peut-être pas encore à cette nécessité.

D.—Un cabinet conservateur ne sera-t-il pas tenté de patronner des candidats qui ne seront ni *neutres* ni *indépendants*, des candidats qui se diront républicains, mais en même temps républicains modérés ?

R. — Il sera tenté de le faire, mais il ne le fera pas.

D. — Pourquoi ?

R. — Parce que le républicain même modéré n'offre plus aucune garantie aux intérêts conservateurs ; il s'est absolument discrédité pendant ces dernières années ; d'ailleurs cette fraction du parti ne présente, ni comme doctrine, ni comme personnel, une surface suffisante pour y asseoir une politique sérieuse, ou pour en faire la base d'élections générales.

D. — La confiance est une belle chose, et vous êtes convaincu aussi, sans aucun doute, que M. le maréchal de Mac Mahon oubliera qu'il détient le pouvoir pour une période de temps fixée à l'avance ?

R. — Vous confondez le Septennat avec la République du 25 février ; sous le Septennat, le Maréchal était incommutable, aujourd'hui il peut être emporté par la révision.

D. — La République est donc moins solide après le vote du 25 février qu'avant ce vote?

R. — Oui ; les radicaux se sont trompés ; sans doute, la République existe, mais avec une maladie mortelle qu'on appelle la révision ; sans doute elle a été votée, mais avec la condition expresse qu'on réglerait par avance ses funérailles.

D. — Il faut se rappeler cependant que cette faculté de révision ne doit être exercée, pendant un certain temps, que par le Maréchal lui-même.

R. — Dans l'hypothèse où le pays, consulté, exprimerait son vœu d'une manière légale, claire et précise, supposez-vous que M. le Maréchal voulût n'en pas tenir compte ?

D. — Assurément non, je croirais faire injure à sa loyauté bien connue.

R. — Comme il serait absurde de demander à un électeur s'il veut réviser la constitution républicaine, sans lui permettre de dire par quoi il entend la remplacer, il est évident que l'électeur parlera; or, dans le camp conservateur, il n'y a que deux drapeaux qui aient conservé leurs couleurs, le Maréchal sera donc le premier à saluer respectueusement celui des deux que la nation aura acclamé.

D. — Il me semble que, pour un impérialiste, vous délaissez un peu votre panacée universelle de l'appel au peuple?

R. — Vous vous trompez : nous subissons ce que nous ne pouvons empêcher et nous combattrons bravement avec les seules armes qu'on nous ait laissées ; si nous obtenons de sérieux succès dans les élections prochaines, nous ne chercherons pas à relever le trône de notre Empereur par nos propres mains, nous confierons cette besogne au peuple, car il n'y a que la nation entière qui puisse donner une base solide à un gouvernement.

D. — Je vais résumer votre opinion. Vous ne voulez plus tolérer dans le camp conservateur d'électeurs, ou de candidats *indépendants*, c'est-à-dire d'électeurs ou de candidats sans opinion.

Vous faites la chasse à *l'indépendant* parce que vous estimez que les conservateurs qui ne votent pas ou qui votent sans drapeau, perdent leurs voix et assurent ainsi la victoire des radicaux.

Vous croyez que les deux seules opinions conservatrices qui aient conservé leurs drapeaux intacts sont la légitimiste et la bonapartiste.

Vous conseillez la dernière comme vous paraissant plus près du succès. Vous entendez l'accord et la conciliation entre ces deux opinions, en ce sens que les drapeaux resteront distincts, et que le candidat unique ou la liste des candidats appartiendront franchement et exclusivement à une seule opinion.

Enfin, vous ne craignez pas l'ancien mauvais vouloir de l'administration parce qu'un cabinet conservateur, pour lutter avec succès contre la République, sera obligé de porter d'une main ferme le drapeau des conservateurs, et que s'il ne le portait pas, il perdrait la plus grande partie de son crédit sur les populations.

Sont-ce bien là vos conclusions ?

R. — Oui !

DU MEME AUTEUR :

Catéchisme impérial.................. » 50

Lettre à un Député Conservateur....... » 50

L'Esprit des Lois constitutionnelles..... » 50

L'Appel au Peuple.................... » 30

Le Septennat......................... » 50

Les Droits et les Devoirs de l'Impéria-
liste............................... » 50

Paris. — Imp. Dubuisson et Ce, rue Coq-Héron, 5.

www.ingramcontent.com/pod-product-compliance
Ingram Content Group UK Ltd.
Pitfield, Milton Keynes, MK11 3LW, UK
UKHW032026260826
14628UKWH00006B/2763

9 782013 256179